RÉVISION

DE LA CONSTITUTION.

RÉPUBLIQUE, MONARCHIE.

Imprimerie de BEAU, à Saint-Germain-en-Laye.

RÉVISION

DE

LA CONSTITUTION.

⁂

RÉPUBLIQUE, MONARCHIE,

PAR

M. LE Cᵗᵉ FERD. DE BERTIER,

ANCIEN DÉPUTÉ (SEINE), MINISTRE D'ÉTAT, ETC.

Tout pour la France
et par la France.

Tout périssait enfin lorsque Bourbon parut.
VOLTAIRE (*Henriade*).

Prix: 75 centimes.

PARIS

GOUJON ET MILON, LIBRAIRES-ÉDITEURS,
RUE DU BAC, 41.

DENTU,
LIBRAIRE-ÉDITEUR, PALAIS NATIONAL, GALERIE D'ORLÉANS

1851

RÉVISION
DE LA CONSTITUTION.

Après de longues et pénibles épreuves, la France aura bientôt à se prononcer et à faire son choix. De ce choix, dépendront son bonheur, ou la continuation de ses souffrances ; sa prospérité et sa gloire, ou la prolongation de sa détresse à l'intérieur et de son abaissement à l'extérieur. Il est donc du devoir de tout bon citoyen d'apporter le tribut de ses faibles lumières et de ses souvenirs à ses concitoyens. C'est à ce simple titre que je viens soumettre à leur sagesse et à leur jugement quelques réflexions sur les faits accomplis, sur la situation présente et sur notre avenir.

Quatre opinions sont en présence : la République, l'Empire, la Royauté de Juillet, et la Monarchie constitutionnelle et héréditaire, qui a régi la France pendant tant de siècles. Tout a été expérimenté ; en rappelant donc nos souvenirs, en rappelant quelques noms, en racontant notre propre histoire, il ne sera pas difficile d'arriver à des prévisions à peu près certaines, et de préparer la grande détermination qui doit décider du sort de la patrie.

Je crois pouvoir démontrer, par des faits, que l'établissement du Gouvernement républicain en France ne lui a été que funeste ; que la France n'est point républicaine; que le Gouvernement républicain est impossible en France.

Que la France est loin de désirer le retour de l'Empire; que les souvenirs de gloire qu'il a laissés sont bien effacés par les revers et les malheurs dont ils ont été suivis; que l'avénement de M. Louis-Napoléon Bonaparte et son maintien au trône impérial est impossible.

Que les barricades de Février ont mis fin à la Royauté sortie des barricades de Juillet; que les princes de la maison d'Orléans ne peuvent, à une époque quelconque, arriver au trône, qu'à la suite de la légitimité et en s'appuyant sur son principe; qu'une régence, funeste dans ses conséquences et repoussée par la raison publique, est impossible.

Que le représentant de la grande loi constitutive du droit français, et le rétablissement de la Monarchie constitutionnelle héréditaire peuvent seuls rendre à la France la paix et la prospérité à l'intérieur, sa prépondérance et son rang de puissance de premier ordre à l'extérieur.

Que c'est la seule solution, la solution si impatiemment attendue et si ardemment désirée.

***

! LA RÉPUBLIQUE.

Dans le mois de février 1848 éclate une insurrection dans Paris aux cris de *La réforme électorale!* Bientôt les meneurs, devenus le Gouvernement provisoire, proclament la République, en s'engageant à consulter la nation. Le lendemain ils déclarent que le Gouvernement républicain est celui de la France, sans l'avoir consultée comme ils l'avaient promis, dans la crainte, apparemment, qu'elle ne répondît point à leurs vues. En effet, le nombre des républicains de la veille était peu considérable, celui des ambitieux et des amateurs de places, qui en prirent le titre, l'était beaucoup plus ; la masse de la nation, et les hommes les plus honnêtes et les moins républicains se soumirent dans le moment pour éviter de plus grands malheurs et par leurs concours en prévenir les excès, et peut-être le retour à un autre 93. Ce fut par ces mêmes motifs que, quelques mois plus tard, l'Assemblée nationale acclama cette même République.

Voilà donc les républicains de la veille ou du jour, les amis du peuple, les vrais amis de la liberté au pouvoir le plus absolu, le plus étendu ; voilà la République établie en France : qu'en est-il résulté ? quels ont été ses bienfaits ? des scandales, des prodigalités, des dépenses aussi exagérées qu'inutiles, des dilapidations de toute nature. On s'est partagé le pouvoir et on s'en dispute les lambeaux. La préfecture de police devient un château fort, bien plus redoutable que ceux de l'ancienne féodalité, ou que les bastilles de l'ancienne monarchie. La garde républicaine chargée de sa défense est largement payée. La préfecture de Paris est devenue une autre place forte, des bataillons y sont renfermés, soldés, hébergés, luxueusement nourris aux dépens de la ville de Paris, dont le budget n'est plus sujet à contrôle, car on a eu soin d'en supprimer le conseil municipal.

Cependant une grande armée de soi-disant tra-. vailleurs est organisée, elle arrivera bientôt au chiffre de cent mille combattants, son quartier général est établi au Luxembourg, et son général en chef est M. Louis Blanc. Il faudra des millions pour la solder, mais qu'importe? le contribuable est là.

M. Garnier-Pagès, l'un des dictateurs et ministre des finances, s'occupe avec un zèle infatigable de pourvoir à tout. Le principe adopté jusqu'alors, que l'impôt doit être voté par les représentants des contribuables, est écarté sous le régime républicain. La volonté du Gouvernement provisoire fait la loi. Une imposition extraordinaire de quarante-cinq centimes devant produire cent quatre-vingts millions est décrétée ; la vente des bois de l'État pour cent millions est ordonnée. Il s'empare de la propriété du pauvre, du capital de la caisse d'épargne, il rend le cours des billets de banque forcé. Il suspend l'acquittement des bons du Trésor, il s'empare de l'administration d'une partie des chemins de fers, en annonçant l'intention d'en faire la propriété de l'État, ainsi que de toutes les sociétés d'assurance. M. Garnier-Pagès prononce ces paroles officielles : « *L'impôt est proportionnel ; donc il est injuste : à l'avenir il sera progressif.* » L'un de ses successeurs, agissant sous son influence, avait voulu mettre ce principe à exécution pour les successions, et il était tombé dans l'absurde. La progression était telle, que l'héritier d'un million aurait dû payer à l'enregistrement une somme plus forte que celle dont il aurait hérité. L'impôt progressif n'est qu'un moyen de réaliser les vues du socialisme et du communisme.

Le respect pour le principe de la propriété violée, le budget porté à un milliard sept cents millions, l'inquiétude jetée dans tous les esprits, la confiance détruite, le crédit ébranlé, et la rente tombée de cent vingt francs à cinquante ou soixante francs, les manufactures sans commandes, le commerce sans transaction, la propriété sans ressources, l'artisan dans les villes, l'ouvrier dans les campagnes sans travail et sans moyens d'existence, un tiers des propriétés en vente, les paiements suspendus, et des délais de trois mois, de six mois et d'un an accordés forcément par les tribunaux, la société tout entière ébranlée, la misère, la souffrance dans toutes les classes, souffrance qui se prolonge encore, misère qui se fait sentir plus que jamais dans nos campagnes, voilà quels ont été les dons de la République à la France.

Nos colonies ne furent pas exemptes de scènes affligeantes; l'affranchissement immédiat des noirs, décrété sans qu'aucune mesure de précaution eût été prise à l'avance, occasionna des troubles fâcheux, il y eut du sang français de versé.

Ce lugubre tableau fut assombri encore par la grande manifestation contre l'Assemblée, réprimée par le dévouement de la garde nationale parisienne, et plus tard par les combats sanglants livrés en juin dans les rues de Paris. La victoire resta au grand parti de l'ordre, grâce au dévouement de la majorité de la garde nationale parisienne, des gardes nationales des provinces accourues de toutes les parties de la

France, et au courage énergique de l'armée commandée par nos meilleurs généraux dont un trop grand nombre perdit la vie en défendant la société attaquée. Leurs noms sont gravés dans la mémoire de leurs concitoyens reconnaissants (1).

Ces journées de deuil furent terminées par le plus douloureux sacrifice de la charité chrétienne. L'Archevêque de Paris s'avance vers les barricades pour arrêter l'effusion du sang, les feux sont un instant suspendus, ses paroles allaient peut-être toucher les cœurs ; une balle part, le frappe, il tombe, et de mande en mourant que ce soit le dernier sang versé. Le bon pasteur a donné sa vie pour son troupeau.

A l'extérieur la France ne reprit pas le rang qu'elle avait occupé autrefois en Europe ; l'Angleterre, la Russie et l'Autriche continuèrent à y exercer leur influence prépondérante.

De ce rapide exposé on peut conclure que la République n'a donné à la France, ni liberté, ni bonheur, ni gloire, ni prospérité.

M. Ledru-Rollin avait reconnu que la France n'était pas assez républicaine, et qu'à cet égard il fallait faire son éducation. Des destitutions en masse avaient été faites dans toutes les parties de l'administration, partout on avait cherché à remplacer par des républicains dévoués les anciens titulaires, tout avait été sacrifié à ce but, et des hommes bien peu honorables, quelquefois même

____

(1) Les généraux Négrier, Duvivier, Damesmes, Regnault, Bréa, etc. Le général Bedeau y fut grièvement blessé. Le général de Lamoricière y signala, comme toujours, son courage et son énergie.

flétris par la justice, mais revêtus du manteau républicain, avaient été appelés aux fonctions les plus importantes.

M. Crémieux, dans les destitutions qu'il avait prononcées, n'avait pas même respecté les droits de la magistrature, en déclarant que sous la République elle ne pouvait pas être inamovible. M. Arago n'avait pas épargné d'anciens et honorables militaires et avait fait sortir des rangs de l'armée plusieurs généraux qu'il ne trouvait pas assez républicains.

Le Gouvernement provisoire avait reculé les élections pour donner le temps à M. Ledru-Rollin de mieux les préparer. Celui-ci adressait aux électeurs des circulaires menaçantes, envoyait une foule de commissaires dont l'ardent républicanisme était payé à dix, à vingt et à quarante francs par jour. Ces agents de la propagande républicaine et socialiste allaient porter leurs doctrines dans les clubs et jusque dans les chaumières, en s'efforçant d'agiter les masses, d'exciter leurs passions, et d'obtenir l'élection de républicains de la veille. Tout fut inutile, et les menaces et les excitations. La sagesse et le bon sens de la grande majorité du peuple sauva la patrie. Les élections eurent lieu, et le suffrage universel envoya à l'Assemblée nationale, pour plus des deux tiers, des députés amis de l'ordre et fort peu républicains.

Quand l'Assemblée constituante dut cesser ses fonctions, et faire place à l'Assemblée législative, plusieurs députés républicains ne purent obtenir leur réélection, sans en excepter M. Marast, ex-président de l'Assemblée nationale et auteur de la Constitution de la République. Cette fois, le suffrage universel direct ne fit entrer dans l'Assemblée qu'un quart à peine de républicains de toutes les nuances.

Quelque temps auparavant la nation avait été consultée pour une autre élection, celle du Président de la République.

M. de Lamartine avait perdu une partie de sa popularité en proclamant l'établissement de la République, et l'avait perdue presqu'entièrement en exigeant que le républicain M. Ledru-Rollin lui fût associé dans le pouvoir exécutif. Il le comprit, et n'osa pas se présenter aux suffrages de ses concitoyens.

Le parti républicain voulut essayer ses forces ; son candidat, M. Ledru-Rollin, obtint à peine quatre cent mille suffrages.

M. le général Cavaignac avait rendu des services en repoussant les agressions des partis socialistes et communistes proprement dits. Il était au pouvoir et parfaitement secondé par toutes les administrations placées sous son autorité. Une partie notable de l'Assemblée nationale lui était favorable, mais à la tribune il avait rendu hommage à la Convention de la première République, il obtint avec peine quinze cent mille suffrages.

Les événements de Strasbourg et de Boulogne avaient jeté de la défaveur sur M. Louis Bonaparte. Une opinion injuste sur son caractère et sa capacité, propagée par ses adversaires, avait prévalu dans presque tous les esprits. Cependant la sagesse de sa déclaration, les souvenirs attachés à son nom, lui avaient ramené un grand nombre de suffrages pour son élection, regardée d'abord comme impossible. Le *National,* organe du parti républicain, en décida le succès. Il avait dit : *Tous ceux qui voteront pour M. Louis Bonaparte, voteront contre la République.* Cinq millions et demi de suffrages répondirent !

Non, évidemment non, la France n'est pas républicaine (1).

J'irai plus loin, et je dirai que le Gouvernement républicain est impossible en France.

Comment serait-il possible, en effet, qu'une population de trente-trois millions d'habitants, disséminés sur une étendue de quarante mille lieues carrées, pût prendre une part directe aux affaires publiques, quand on a bien de la peine à obtenir que les électeurs d'un canton se rendent au chef-lieu pour y déposer leurs votes ? On comprend la possibilité d'un Gouvernement républicain et démocratique dans les petits cantons suisses. On comprend encore la possibilité de cette forme de gouvernement dans l'Attique, où la population, vu le peu d'étendue du territoire, pouvait, à de certaines époques, être facilement réunie à Athènes. On peut comprendre même une république aristocratique

(1) L'immense majorité des Français a prouvé par ses votes qu'elle n'était pas républicaine ; mais quelle sera la force du parti républicain si nous arrivons à ses divisions tranchées et implacables entre elles ? Quelle république donnerait-on à la France ? Sera-ce celle de MM. Proudhon, Considérant, Ledru-Rollin, repoussée avec dérision par M. Louis Blanc, et mitraillée en juin par le général Cavaignac ? Une union, quelque peu durable, pourrait-elle exister entre ces diverses catégories républicaines, et à quoi se réduit le nombre des hommes qui marchent sous chacune de ces bannières ?

et démocratique pour cette grande république romaine, car ce peuple souverain ne dépassait pas les limites du Latium. Le reste de l'univers civilisé était soumis et obéissait aux comices du forum, à la ville de Rome, la ville par excellence, *Urbs.* Une république aristocratique, ou une république fédérative serait peut-être possible en France, mais une république unitaire et démocratique est matériellement impossible. Cette forme de gouvernement conduira toujours infailliblement à la démagogie ou au despotisme. Ce dernier résultat serait plus probable à cause de la position topographique de la France. Placée au milieu de monarchies guerrières, et ayant des armées nombreuses soldées, la France sera forcée d'entretenir une armée permanente, capable de maintenir sa dignité au dehors et de défendre l'intégrité de son territoire. Le premier guerrier ambitieux arrivant à la Présidence, emploiera cette armée à opprimer le pays, à prolonger indéfiniment son pouvoir, et à se faire décerner l'Empire par cette armée, comme au temps des Césars et de Rome dégénérée, temps aux souvenirs déplorables et bien maladroitement rappelés dans un écrit récent.

Je crois donc pouvoir dire encore avec vérité : La République n'est pas possible en France.

L'EMPIRE.

Cette disposition presque irrésistible à conserver par une prorogation le pouvoir présidentiel, ou même à arriver au pouvoir suprême avec les acclamations de l'armée et du peuple, un homme sage et modéré, mais entraîné par des souvenirs, poussé et pressé par les ambitions de ses entours, nous en donne, dès à présent, la preuve trop peu douteuse. Nous avons vu de l'avancement accordé dans les corps où des cris de vive l'Empereur ! s'étaient fait entendre ; nous avons vu des destitutions prononcées contre des généraux qui avaient défendu toute manifestation sous les armes. Et cependant quels souvenirs l'Empire rappelle-t-il à la France ? De grandes batailles gagnées suivies de grands revers ; de la gloire suivie d'humiliations ; des conquêtes suivies de l'envahissement de ses provinces et de l'occupation de sa capitale par les armées étrangères.

Les premières années du Consulat rétablirent l'ordre en France, ramenèrent la victoire sous ses drapeaux, rendirent la paix à l'univers, relevèrent les autels renversés du Dieu de nos pères.

L'Empire nous a présenté l'affligeant spectacle du vicaire de Jésus-Christ dans les fers, de la guerre injuste contre l'Espagne, de la déplorable entreprise contre la Russie.

A l'intérieur, l'Empire nous a donné le despotisme, épuisé nos finances, dévoré nos populations. De pareils souvenirs pourraient-ils faire désirer à la France le retour du régime impérial, et entraîner ses populations à le saluer de leurs acclamations? Je ne saurais le croire.

Prince, de faux amis, des courtisans vous trompent, repoussez leurs conseils pernicieux. Dissipez vous-même les nuages dont on cherche à envelopper la vérité. Veuillez l'entendre dans toute sa simplicité.

Trente-sept ans se sont écoulés depuis la chute de Napoléon. Le nombre de ceux qui ont combattu sous ses drapeaux est maintenant bien réduit; la plupart ont disparu. Les partisans sincères d'un nouvel Empire, où sont-ils? comptez-les dans l'Assemblée, comptez-les autour de votre personne. Si vous y cherchez ce qui reste encore des anciennes gloires de l'Empire, vous ne pouvez les y apercevoir, elles se tiennent à l'écart, elles jugent le retour de l'Empire impossible et ne le désirent pas. Votre propre famille ne vous donne que des embarras et n'apporte que des obstacles à vos meilleures intentions. Où sont donc vos appuis? Il faut le reconnaître, votre esprit sage et réfléchi vous amènera, je n'en doute pas, à le reconnaître vous-même : avec le duc de Reichstadt à Vienne, avec Napoléon à Sainte-Hélène, sa dynastie et l'Empire ont pris fin.

La prorogation, l'Empire sont donc chose impossible; vous ne pourriez y arriver peut-être et vous y maintenir pour quelques jours, qu'à la faveur des divisions des partis, et obtenir un pouvoir éphémère sans force et sans puissance pour faire le bien de la patrie. Prince, ce ne serait digne ni de vous, ni de votre nom!

Rappelez à votre mémoire cette déclaration sage et modeste, mais pleine d'un avenir calme et tranquille pour la France ; cette déclaration, que vous faisiez peu avant le vote universel, fut accueillie par cinq millions et demi de suffrages.

« Tout pour la France, rien pour vous ; » tel était votre langage.

Rappelez-vous un grand exemple, l'exemple paternel : le roi de Hollande déposant la couronne plutôt que de compromettre le bonheur des peuples soumis à sa puissance. Comme lui, soyez désintéressé, soyez grand, soyez généreux ! Proclamez vous-même le seul principe qui puisse donner à la France le repos et la stabilité qu'elle appelle de ses vœux, et que votre noble désintéressement soit votre plus beau titre de gloire dans l'histoire, comme il sera pour vous un droit impérissable à la reconnaissance de la patrie.

LA ROYAUTÉ DE JUILLET ET LA RÉGENCE.

M. le duc d'Orléans, dans les premiers temps de sa vie, suivit les errements paternels. Reçu en grâce par Louis XVIII, il rentra en France à sa suite en 1814.

Le cœur généreux de Charles X avait tout oublié, il combla M. le duc d'Orléans de ses faveurs et de ses bienfaits.

Par une loi rendue sur la proposition de ses ministres, les biens apanagés de la maison d'Orléans, d'une valeur de vingt millions, lui furent assurés. La loi d'indemnité, largement interprétée en sa faveur, lui donna vingt-neuf autres millions. M. le duc de Bourbon voulait léguer son riche héritage à M. le duc de Bordeaux ; Charles X jugea que ces richesses étaient inutiles à l'héritier légitime du trône, et usant de son influence sur un prince qui lui était personnellement tout dévoué, le détermina à assurer ses vastes possessions à M. le duc d'Aumale. M. le duc d'Orléans avait désiré et sollicité le titre d'Altesse Royale qui lui faisait prendre rang avec les princes du sang, obligeait les grands corps de l'Etat à venir lui rendre leurs hommages, et les corps militaires à lui rendre les mêmes honneurs qu'à la royauté, même dans la cour des Tuileries. Ce titre d'Altesse Royale lui fut accordé.

Une insurrection éclata dans Paris. Charles X abdiqua en faveur de son petit-fils et le mit sous la protection de son parent nommé Lieutenant-Général du Royaume. Un des ancêtres de M. le duc d'Orléans avait rempli ce même mandat en homme d'honneur, et conservé intacte à son royal pupille la couronne de France : M. le duc d'Orléans préféra se l'approprier ; une faible majorité, sans mandat dans la Chambre des Députés, proclama cette royauté héréditairement convoitée, malgré la noble protestation du vicomte de Conny. Quelque temps après, la Chambre des Pairs, tronquée et arbitrairement privée de plus du tiers de ses membres, condamna M. le comte de Kergorlay, pour n'avoir pas cru que la France entière avait décerné la couronne à M. le duc d'Orléans et pour avoir osé le dire.

M. le duc d'Orléans régna sous le nom de Louis-Philippe, et trois générations furent envoyées dans l'exil !!!

Louis-Philippe établit et maintint avec peine l'ordre ébranlé par la Révolution de Juillet, le sang coula à Lyon, à Paris et dans les provinces de l'ouest. Cependant la prospérité matérielle, que la Restauration avait donnée à la France, y fut ramenée au bout de quelques années. Mais la même économie ne présida plus aux dépenses de l'Etat, le trésor de la Cassaubah disparut, le capital de la dette publique s'accrut, le budget fut augmenté de plus de trois cents millions, et néanmoins il ne put suffire aux dépenses bien inutiles faites par un de ses ministres en préparatifs de guerre sur les bords du Rhin, quand la question d'Orient se décidait à Bayruth et en Syrie, et dans les fortifications tout aussi inutiles de la capitale. Là commencèrent les embarras financiers, bien augmentés plus tard, sous la République.

Louis-Philippe avait eu de la peine à se faire admettre dans la grande famille des Rois, il lui fallut faire pour cela bien des concessions peu favorables aux intérêts et à la dignité de la France. Méhémet-Ali, son utile allié, fut sacrifié, la prépondérance de la France en Orient fut perdue, la bravoure de nos marins et de l'amiral Lalande fut rendue inutile, et le pavillon anglais domina seul dans la Méditerranée. La France descendit au rang de puissance de second ordre.

Les exigences de la nouvelle aristocratie sur laquelle Philippe avait fondé sa puissance, et les excès du monopole électoral achevèrent de lui aliéner les esprits. Un grand mouvement se manifeste dans Paris; dans le moment du danger, Louis-Philippe a la faiblesse de remplacer des ministres hommes de capacité, par ceux-là mêmes qui, par leur mauvais vouloir ou par leur imprévoyance, avaient amené de loin cette insurrection. On obtient son abdication, il tombe. La royauté, sortie des barricades de Juillet, est renversée en quelques heures par les barricades de Février.

Madame la duchesse d'Orléans se présente à la Chambre pour succéder au pouvoir déchu, sous le titre de Régente; mais elle en est expulsée et elle est obligée de fuir comme son beau-père. Ceux qui l'y avaient appelée et qui espéraient partager le pouvoir avec elle, voient s'évanouir leurs espérances, et le Gouvernement provisoire est proclamé. Et ces mêmes hommes, qui ont pris tant de part à la Révolution de Juillet, qui n'ont pas été étrangers à celle de Février, et qui n'ont pas su ou n'ont pas voulu défendre, contre cette révolution, celui qui leur avait donné sa confiance, croient, dans la folie de leur ambition, pouvoir persuader à la France qu'ils sont véritablement des hommes d'ordre, et qu'eux seuls, avec la Régence qu'ils avaient rêvée déjà, peuvent lui rendre le repos et la prospérité......

Non! la France ne saurait être trompée à ce point, elle n'acceptera ni eux, ni la Régence!...

LA MONARCHIE CONSTITUTIONNELLE.

Depuis quatorze siècles, sauf quelques années de notre Révolution, la France sous le gouvernement monarchique se conserve libre, indépendante, prospère, repoussant toute agression étrangère, maintenant, malgré quelques revers passagers, son drapeau toujours glorieux au milieu des nations à la fois les plus policées et les plus aguerries de l'univers.

Un de ses plus illustres fondateurs reçut le baptême et la foi qui, depuis près de quatorze siècles, a toujours été celle de la nation française, dont les rois portaient, par excellence, le titre de Rois très-chrétiens.

Jamais chez elle prince étranger ne porta le sceptre. Les princes issus du noble sang des Francs, étaient seuls dignes de le porter.

Une loi aussi antique que la Monarchie, loi appliquée à la succession de nos rois, nous a assuré cet avantage sur toutes les nations de l'Europe. Elle établissait la succession au trône de mâle en mâle par ordre de primogéniture, et à l'exclusion des femmes. Toutes les grandes assemblées de la nation confirmèrent ce principe de l'hérédité et d'une manière remarquable pour Philippe de Valois, qui dut attendre que la veuve du dernier roi, qui était enceinte, eût donné le jour à une fille, pour ceindre le diadème; jusque là il ne fut autorisé à prendre que le simple titre de Régent.

Que l'on compare cette fixité dans l'ordre de

succession , la tranquillité qui en résultait pour le pays par le repoussement de toutes les prétentions ambitieuses , avec les agitations de l'Empire romain, de l'anarchie polonaise , ou même des guerres pour la succession de l'Espagne ; et tout esprit éclairé et de bonne foi en comprendra les grands et bienfaisants résultats.

Le représentant de ce principe est Henri de France, il en apporte avec lui tous les avantages, pour assurer la tranquillité publique, le rétablissement de l'ordre et de la confiance générale dans notre patrie si agitée, si troublée depuis bien des années. Seul il présente une solution et un avenir assuré. Tout le reste, il faut le dire franchement, ne peut être et ne serait, en effet, qu'une transition, qu'une trêve, qu'une suspension momentanée aux souffrances particulières et publiques. Pourquoi donc ne pas arriver tout de suite à la solution tant désirée, à cette solution définitive ?

Il se présente aux princes de l'Europe avec l'auréole de gloire, de grandeur et d'antiquité, que lui donne une succession de soixante-sept rois, ses prédécesseurs. Il est le chef de la première maison royale de l'Europe et il prend naturellement à leur égard la position qui convient au grand représentant de la première nation des peuples civilisés.

Il nous apporte, comme gage de l'avenir, la garantie du passé ; quelle race autant que la sienne a offert autant de grands princes, d'illustres guerriers, de pères des peuples ? Quelle suite de rois a présenté moins de règnes où des larmes aient coulé, où des échafauds aient été dressés? Mettez de côté la déplorable influence de femmes étrangères, les fureurs sanguinaires d'Isabeau de Bavière et de Catherine de Médicis, les rigueurs et les vengeances du Cardinal de Richelieu, reste le seul Louis XI, qui, dans cette longue lignée, fit défaut à la mansuétude héréditaire.

La Restauration tant attaquée, tant calomniée, n'a-t-elle pas été, au contraire, dans son ensemble le Gouvernement le plus véritablement libéral, le plus généreux dans ses actes (1), le plus paternel dans son administration, le plus économe des sueurs du peuple et des finances de l'Etat, le plus respecté et le plus indépendant de l'étranger? Le simple récit historique des faits en fait foi.

Les guerres de l'Empire perpétuellement renouvelées, les trônes continuellement en danger, les nationalités menacées avaient réuni les rois et les peuples dans une ligue presque universelle contre la France. Elle était épuisée d'hommes et d'argent. Les armées étrangères inondèrent nos provinces, quelques succès éphémères firent rejeter les propositions d'une paix encore honorable ; et la capitale fut envahie. Sur la demande des maréchaux de l'Empire, Napoléon signa à Fontainebleau son abdication. On parlait de démembrer la France ; mais les descendants de nos rois, reçus aux acclamations universelles et dont les étrangers reconnurent le droit, arrêtèrent ces projets sinistres ;

---

(1) Le seul ministre de la police (pendant qu'il y eut un ministère de la police, qui ne tarda pas à être supprimé) proposa et fit adopter quelques lois exceptionnelles et temporaires, après le grand bouleversement de 1815.

l'intégrité de l'ancienne France fut conservée, et l'étranger se retira.

Bientôt l'expédition de l'île d'Elbe ramena les armées étrangères en France; cette fois leur irritation était grande, des canons étaient braqués contre les Tuileries et les armées prussiennes voulaient faire sauter le pont d'Iéna. Louis XVIII n'avait d'autre force que son patriotisme et son courage, il déclara qu'il irait se placer sur le monument menacé et qu'il périrait sous ses décombres. Le pont d'Iéna fut sauvé. Dans cette position si difficile, Louis XVIII défendait avec calme les intérêts de la France, seul, sans armées, sans gardes, n'ayant pour lui que son droit et sa fermeté. Il conserva encore l'intégrité du territoire français, à l'exception de la seule place de Landeau. Mais il fallut payer les frais de la guerre et indemniser les pays étrangers des pertes que leur avait fait éprouver leur occupation momentanée par les armées impériales; on a évalué à plus d'un milliard ce qu'il en coûta à la France.

Ainsi, la maison de Bourbon commença à régner avec une armée désorganisée, une marine détruite, un commerce anéanti, un trésor vide et sans crédit; la rente était tombée à cinquante francs. Cependant tous les engagements pris envers l'étranger furent scrupuleusement accomplis, et par suite nos provinces du Nord libérées de l'occupation étrangère; nos relations commerciales se rétablirent dans toutes les parties du monde; notre armée fut réorganisée, notre puissance maritine rétablie, l'ordre et l'économie ramenés dans nos finances, la tranquillité publique tellement assurée, que l'on pouvait, sans danger, distraire de notre armée, sous la conduite de l'héritier du trône, cent mille combattants pour aller pacifier l'Espagne, et quelques années après, une armée qui allait venger l'honneur de la France, mettre fin à la piraterie organisée des puissances barbaresques, et planter le drapeau sans tache sur les remparts d'Alger la guerrière. Notre marine faisait briller son courage à Navarin, et elle pouvait, en l'espace de deux mois, mettre à la mer cinq cents voiles qui portaient en Afrique notre armée bientôt victorieuse ; et tous ces grands événements s'accomplissaient sans impôts extraordinaires, et le trésor de la Cassaubah arrivait intact en France, et plusieurs réductions successives avaient été apportées dans l'impôt foncier, et le budget était réduit à moins d'un milliard, et la rente, de cinquante francs, était arrivée à cent quatorze francs. Que ne doit-on pas à l'administration financière dont l'habileté et l'intégrité ont amené de pareils résultats ? mais que ne devons-nous pas surtout aux princes, qui, dans cette succession de ministres, ont eu pour but constant l'allégement des charges publiques, la gloire nationale et le bonheur de leurs peuples ?

Voilà l'histoire de la Restauration dans la vérité. Elle est fondée sur des fait éclatants, et sur des chiffres qu'on ne saurait contester.

On s'est plaint des jugements rendus contre quelques chefs d'insurrection. Le devoir de tout Gouvernement n'est-il pas de maintenir la tranquillité publique, et de livrer à la justice ceux qui entreprennent de la troubler? les tribunaux ont prononcé, la légalité a été observée, leurs jugements sont inattaquables, et dans tous les cas ne sauraient être imputés au pouvoir, qui y reste étranger. On a plaint le sort d'un illustre maréchal, jugé et condamné par ses pairs, le plus haut jury de la nation. Le roi voulait user de son droit de grâce, le conseil des ministres s'y opposa; un seul, je crois, partagea les sentiments du roi. La majorité des ministres crut qu'un fait qui avait amené des résultats aussi déplorables pour la France, exigeait un exemple, et que le pardon qu'on trouvait toujours dans le cœur d'un Bourbon, devait, dans cette circonstance, céder à la justice.

On a reproché à Charles X les ordonnances. Je crois qu'elles n'étaient pas indispensablement nécessaires, et que par conséquent elles étaient contraires à une saine politique. Mais je sais, de science certaine, qu'elles n'entraient pas dans le premier plan du roi, qui ne voulait défendre le trône et l'ordre public que par les voies ordinaires et légales, et que s'il avait usé momentanément de la latitude que lui donnait l'article 14, ce n'était que parce qu'il croyait ce moyen nécessaire pour conserver la Charte et la Constitution.

Les ordonnances ne furent que le prétexte et non la cause réelle de l'insurrection de Juillet. Les intérêts du peuple que les révolutionnaires mettaient en avant, n'étaient nullement compromis, puisque l'ordonnance sur la presse n'aurait, en réalité, amené aucune réduction dans le nombre des ouvriers employés dans les manufactures ou dans les ateliers de l'imprimerie, et que l'ordonnance sur la loi d'élection ne lui importait pas davantage. Qu'a-t-on, en effet, accordé par la nouvelle Charte de juillet? la réduction du cens électoral de trois cents francs à deux cents francs. Quel était l'ouvrier des barricades qui, en conséquence de cette réduction, avait entrée dans les colléges électoraux pour y déposer son vote? Depuis cette nouvelle loi, le monopole électoral n'a-t-il pas été porté à un excès dont on n'avait pas encore eu d'exemple? Quels ont donc été les bienfaits de la révolution de Juillet pour le peuple? l'augmentation de l'armée, l'augmentation de l'impôt, des mitraillades à Lyon et à Paris, et des engagements volontaires ou forcés pour l'armée d'Afrique? Leçons probablement indispensables pour lui apprendre que ce qu'on lui avait dit être bien sous Charles X était mal sous Louis-Philippe, et que ce qui avait été proclamé glorieux en juillet 1830, était criminel et punissable quelques mois après. Pauvre peuple! seras-tu toujours dupe et victime des brouillons et des ambitieux?

On a uni au nom du prince le plus noble, le plus généreux, le plus loyal et le plus chevaleresque, l'odieuse qualification de roi parjure. Quoi de plus injuste, quoi de plus absurde? L'article 14 de la Charte n'existait-il pas? Son sens était si peu douteux, que les auteurs de la Charte de 1830 jugèrent nécessaire, indispensable de le supprimer. Les circonstances exigeaient-elles que le souverain en fit usage? ses ministres le crurent ; peut-être se sont-ils trompés. Mais le roi était dans son droit. On est ordinairement indiscret après la victoire. Lisez les journaux du parti après les journées de Juillet, et il vous sera difficile de mettre en doute qu'il y avait conspiration organisée contre le trône et contre la Charte jurée ; que cette conspiration devait éclater prochainement et indépendamment des ordonnances qui ne furent, à bien dire, que le prétexte de la manifestation ; qu'enfin l'ordre public, la loi du pays, la couronne, la société tout entière étaient en danger ; s'il en était ainsi, le recours à l'article 14 n'était-il pas un droit, peut-être un devoir?

C'est vous, conspirateurs, à la vérité peu nombreux, de la veille (1), qui fomentiez l'insurrection, vous qui la soldiez et qui demandiez trop tardive-

(1) *Extrait du* National du 28 juin (1832).

« A cette heure, à midi 28 juillet (1830), on délibérait encore, » dans une réunion de députés à laquelle assistaient MM. Sébas-» tiani et Perrier, pour savoir si on tenterait auprès du duc de » Raguse une démarche qui conjurât l'épouvantable effusion de » sang à laquelle on préludait des deux partis. Qu'il nous suf-» fise de dire que M. Perrier était le plus hardi des députés de » cette réunion, le seul qui crût de son devoir de se prononcer » pour la légitimité de la résistance même armée. *Mais*, disait-» il, *il ne faut pas que cette résistance aille au-delà du renver-» sement du ministère : nous n'en voulons pas au roi. Point de.* » *drapeau tricolore, point de ces emblèmes de terreur et de des-» potisme ; croyez que la police seule a pu faire reparaître le* » *drapeau tricolore.* M. Perrier croyait très-sincèrement ce qu'il » disait alors, c'était le 28 à midi, nous le répétons. Ses collè-» gues ne voulaient pas même qu'on approuvât la résistance à » force ouverte. Il n'y avait de légal, disaient-ils, que le refus de » l'impôt. »

Je puis ajouter à ce récit du *National*, que le général (maré-

ment pardon à Dieu et aux hommes de ce que vous aviez fait, vous qui dirigiez ces bandes armées contre la garde fidèle; vous qui les lanciez jusque sur Rambouillet; vous qui rendiez responsable d'ordonnances contresignées par des ministres la Royauté déclarée irresponsable par la loi fondamentale; vous qui en même temps déclariez la Royauté déchue et mettiez en jugement ses Ministres, vous qui avez oublié tous les intérêts du peuple, vous qui seuls avez profité de la Révolution de Juillet. C'est vous qui avez manqué à vos serments envers la Charte, que vous avez renversée; à vos serments envers votre roi, que vous avez exilé; qui avez manqué à toutes vos promesses envers le peuple, que vous avez trompé; c'est vous qui avez violé tous vos serments; c'est vous qui êtes les seuls, les véritables parjures!...

chal) Sébastiani, peu de jours avant la Révolution de Juillet, m'exprimait ses craintes sur les événements qui se préparaient, sur les dangers du trône et de la société, et sur la nécessité de s'unir pour les conjurer, en m'ajoutant que ce n'était pas seulement en son nom personnel qu'il me parlait, mais au nom de M. Casimir Perrier et de leurs amis, par qui il était autorisé. Vous savez, lui dis-je, que je n'ai aucun pouvoir. — Malheureusement, me répondit-il obligeamment; mais nous savons aussi que vous pouvez parler, et nous vous avons choisi pour notre intermédiaire. Prompte réponse, car le mouvement révolutionnaire commencé, nous n'aurons probablement pas le pouvoir de l'arrêter. Je me hâtai de porter ces propositions, qui n'avaient rien que d'honorable, au principal ministre. Il les rejeta.

Qui donc étaient les conspirateurs de la veille? comme toujours, des hommes dont la position n'était plus tenable et prêts à publier leur bilan, ou déjà complétement ruinés, ou qui, n'ayant rien à perdre, avaient tout à gagner à une révolution.

La haine et l'ambition des révolutionnaires ne s'arrêtèrent pas à Charles X et à ses ministres, elles envoyèrent aussi dans l'exil ce jeune enfant devenu roi par l'abdication de son aïeul, à qui certes on ne pouvait adresser aucun reproche, en qui l'on ne pouvait trouver ni une faute, ni un tort ; mais aux uns il fallait un diadème, aux autres le monopole des places et du pouvoir.

Aujourd'hui que les esprits sont plus calmes, que l'on a mieux senti tous les malheurs des révolutions, que les grandes positions politiques sont prises, que les fortunes sont faites, qui peut donc empêcher une partie des anciens conservateurs de revenir aux vrais principes, et de se rallier franchement au jeune prince qui les représente? Car seule, il faut le dire, cette partie dissidente des anciens conservateurs empêche la fusion, qui, en réunissant toutes les opinions, pourrait rendre à la France le repos qu'elle réclame et le bonheur qui a fui loin d'elle.

Je sens combien cette question est délicate à traiter, il faut cependant l'aborder, car c'est peut-être la plus importante de toutes. Si mes paroles pouvaient déplaire à quelques esprits délicats, qu'ils m'excusent du moins sur mes intentions qui sont pures et bien éloignées de tout ce qui pourrait blesser ou compromettre.

J'ignore si la monarchie maintiendra le principe démocratique dans toute son étendue, ou si, en respectant l'égalité devant la loi, elle reconnaîtra la nécessité de distinctions et d'honneurs, comme conséquence nécessaire des obligations et des de-

voirs envers l'État et la société pour toutes les su-
périorités de l'intelligence, des gloires de toutes les
époques, des services rendus à l'État et à la
patrie, des richesses même honorablement ac-
quises, d'hommes enfin qui, oubliant leurs intérêts
particuliers pour se dévouer aux grands intérêts
du pays, auront mérité le nom glorieux d'hommes
de la nation... *Gentis homo..*

La féodalité, qui avait eu ses avantages dans les
premiers siècles de la monarchie, mais qui avait
cessé d'être en accord avec la marche des temps
et des intelligences, n'existait plus depuis longtemps. Il ne restait à la noblesse que quelques
priviléges dont elle était disposée à faire le sacrifice
dès le ministère de M. de Calonne. Elle n'avait
guère conservé que les devoirs qui résultaient des
droits qu'elle possédait jadis, verser son sang pour
la patrie sur les champs de bataille, servir l'État
presque sans émoluments, et ordinairement au
détriment de sa fortune personnelle ; s'abstenir de
toutes les professions lucratives, qui la détourne-
raient de sa vocation spéciale, du service du pays, de
ses devoirs, enfin, d'hommes de la nation. Dans
toutes les familles les pères, les mères elles-mêmes,
dans les moments les plus pénibles pour leur cœur,
répétaient à leurs enfants... *Noblesse oblige...*

Tout corps que l'on parvient à diviser s'affaiblit,
tout corps qui ne se recrute pas périt. Des esprits sages l'avaient compris, et un officier général distingué
écrivait dans des mémoires dès l'année 1787 : « La
« noblesse n'est plus en proportion avec la popu-
» lation, des dispositions impolitiques l'ont divisée

» par des distinctions mal entendues. On a restreint
» les moyens d'y arriver, et particulièrement les
» moyens les plus honorables et les plus légitimes,
» les services militaires. L'horizon politique s'ob-
» scurcit, et l'on peut prévoir dans un avenir peu
» éloigné de grandes catastrophes. J'espère et je
» ne doute pas qu'alors, comme toujours, la plus
» grande partie de la noblesse fera son devoir,
» qu'elle versera son sang s'il le faut pour la dé-
» fense de la monarchie, mais dès longtemps trop
» affaiblie, elle mourra sur les marches du trône
» et ne le sauvera pas. » Ces paroles prophétiques
ne se sont que trop vérifiées.

Un ministre de la guerre avait mis le comble aux
restrictions mal entendues que j'ai indiquées, par
l'ordonnance qui refusait le grade d'officier aux militaires qui n'appartenaient pas à la noblesse, ordonnance à la fois si injuste, si absurde, et si contraire à tous les usages antérieurs qu'impossible
dans la pratique, elle n'avait pu être mise à exécution. Mais le coup n'en était pas moins porté, elle
avait blessé l'orgueil national et soulevé de trop
justes irritations.

Maintenant tout cela appartient au passé : plus
de priviléges, plus de restrictions impolitiques, tout
soldat a le bâton de maréchal dans sa giberne,
comme aux temps les plus glorieux de la monarchie, comme au temps des Fabert et des Catinat. Qui
peut donc porter ombrage aux esprits les plus sus-
ceptibles? quelques égards, quelques déférences
pour des noms anciennement illustrés? Mais cela
ne peut pas même blesser les illustrations nouvelles,

car, comme le disait un jour en ma présence M. le duc de Crussol à un des hommes les plus distingués de notre époque : « Que pouvez-vous nous en- » vier, monsieur Casimir Perrier? vous appartenez » à la plus haute aristocratie; quelque part que » vous vous présentiez, depuis Londres jusqu'à » St-Pétersbourg, sur l'énonciation de votre nom » ne serez-vous pas reçu, accueilli avec tous les » égards qui vous sont dus? Je doute beaucoup » que le mien fût aussi généralement connu et me » procurât partout le même accueil. »

Ce ne sont donc pas les hommes d'un mérite supérieur qui peuvent éprouver le plus léger sentiment de jalousie. Ils prennent naturellement et nécessairement place dans l'élite du monde social et des illustrations. Peut-être, me dira-t-on, ce n'est que le petit nombre; j'en conviens. Mais que les mérites ordinaires consentent à s'élever un peu plus lentement, plus graduellement, toutes les portes sont grandes ouvertes, c'est à eux d'y entrer, la route est tracée ; qu'ils suivent la bannière de l'honneur, du devoir, du dévouement au bien public et du sacrifice des intérêts personnels, et bientôt ils se trouveront dans les premiers rangs. Je crois aux descendants des deux plus nobles nations de la terre, de ces Gaulois qui faisaient trembler Rome même, de ces Francs, débris des armées victorieuses des Gaules, puis réunis de nouveau, bien moins par la conquête que par des sympathies mutuelles, à des frères dont ils avaient été momentanément séparés et formant ensemble ce que Napoléon appelait *la grande Nation;* je crois, dis-je, leurs cœurs trop élevés pour que des sentiments de jalousie et d'envie puissent leur faire oublier les grands intérêts de la patrie, pour qu'ils puissent mériter cette réponse que me faisait un Anglais, à qui je demandais pourquoi cette différence entre les deux pays? pourquoi en France cette opposition assez générale de la science, du haut commerce, de la Banque, du haut enseignement, des hautes écoles à l'ancienne aristocratie et au Gouvernement, tandis que j'ai trouvé en Angleterre ces mêmes classes appartenant pour le plus grand nombre à l'opinion tory? « C'est, me répondit-il avec son laconisme anglais, qu'en France vous êtes vains, et que nous sommes fiers, que nous voulons grandir en nous élevant, et vous, en abaissant. » Dieu me garde d'accepter cette dure explication. Croyons plutôt à des souvenirs irritants, justifiés par les dispositions impolitiques que j'ai signalées, souvenirs non encore effacés, malgré l'éloignement des temps, mais qui céderont à l'amour du bien public et aux nécessités impérieuses de la France. Si c'était un obstacle insurmontable, mieux vaudrait sans doute accepter le principe démocratique, l'égalité absolue dans les rangs comme devant la loi, possible sous le pouvoir d'un seul comme sous la forme républicaine, en tâchant d'effacer tous les souvenirs de notre histoire jusques et y compris les gloires de l'Empire. Mais cela serait-il possible, et les mémoires de tous les Français pourraient-elles oublier à l'instant tous les services rendus depuis l'origine de la monarchie jusqu'à nos jours? Il serait plus facile de déclarer tous les enfants de cette France, qui a porté ses étendards victorieux dans les quatre parties du monde, qui a donné des rois à presque toutes les contrées de l'Europe, nobles par droit de naissance, comme jadis les armées de Pélage et les vieux chrétiens en Espagne, je croirais ce dernier parti plus en harmonie avec des cœurs français et plus en accord avec toutes les grandeurs de la France. Il nous va mieux de nous grandir en nous élevant qu'en abaissant. Quant à moi, je pense que tous ceux qui, par une fortune honorablement acquise, se sont fait une existence indépendante et qu'ils peuvent consacrer entièrement au service de l'État; que tout ce qu'il y a de distingué dans la science, dans les lettres, dans l'armée; que tous ceux surtout qui ont rendu des services à la patrie, ou qui se sont signalés par des actions d'éclat, doivent venir renforcer les rangs trop éclaircis, trop réduits de la noblesse. Quel serait l'esprit assez mal fait pour se trouver humilié de voir son nom inscrit à la suite des Montmorenci, des Latrémouille, des Montébello, des Larochejacquelin et de tant d'autres noms qui ont illustré notre histoire?

Cependant des esprits plus positifs que généreux disent, m'ont dit à moi-même : « Peu nous importe, » nous avons pris la position, la première position » à l'exclusion de l'ancienne noblesse ; les places, les » honneurs, l'influence, nous appartiennent, nous » voulons la conserver, et, au besoin, la défendre. » Insensés! n'avez-vous pas entendu dans l'Assemblée nationale prononcer du haut de la nouvelle Montagne ces paroles menaçantes : « Vous avez » renversé l'ancienne aristocratie pour vous substituer à elle, et depuis un demi-siècle, nous avons

» reconnu que votre joug était bien plus dur que le
» sien ; votre temps est fini, le nôtre est arrivé, toute
» résistance de votre part serait inutile, craignez les
» colères et les vengeances du peuple irrité. » Comprenez-le bien, voilà les sentiments qui germent dans les cœurs d'une multitude égarée : nous n'en sommes plus au temps de la première révolution, aujourd'hui vous possédez des terres, vous possédez des châteaux, vous possédez plus de richesses que l'ancienne aristocratie ; vous vous étiez emparés du monopole électoral, privilége plus grand et plus odieux dans l'usage que vous en avez fait, que tout ce qui restait de priviléges en 1789 à l'ancienne noblesse ; ce que vous possédez excite d'autant plus de jalousie, d'envie et de haine, que la possession en est plus récente, c'est le sentiment ordinaire au cœur de l'homme. Vos personnes, vos familles, vos propriétés, vos richesses ne peuvent être sauvées que par votre union intime avec tout ce qui possède comme vous. Hâtez-vous donc de mettre fin à vos haines et à vos jalousies surannées, hâtez-vous de suivre l'exemple et les conseils des hommes illustres qui vous disent : La fusion seule de tous les partis de l'ordre peut sauver la société, le principe de la Légitimité peut seul sauver la France ! Vous ne pouvez douter de leur sincérité, vous ne pouvez méconnaître leur haute capacité, hâtez-vous donc de vous ranger sous leur bannière, soyez Français avant tout, ne vous opposez plus au salut de la France.

D'ailleurs, croyez-le bien, votre influence, vous ne la perdrez pas, quand vous en ferez un usage sage, modéré, conforme à l'intérêt public ; les places vous les conserverez, votre habitude des affaires, votre capacité vous les assurent. Sous la Restauration vous les partagiez, il me serait même facile de prouver que vous en occupiez la plus grande part. Aujourd'hui où sont vos rivaux? Dans un laps de vingt années un grand nombre ont disparu, un grand nombre, après avoir abandonné les places qu'ils occupaient par le refus d'un serment que, dans leurs sentiments de délicatesse, d'honneur, de fidélité à leurs principes, ils ne croyaient pas pouvoir prêter, ont vieilli et ne sortiront de leurs retraites que pour apporter au pied du trône l'hommage de leur antique dévouement et se hâter d'y rentrer après ce dernier acte de fidélité. Quelques-uns encore aptes aux affaires pourront peut-être paraître utiles dans les conseils du monarque, sur les champs de bataille, dans le gouvernement ou l'administration de l'empire : le nombre n'en sera pas grand, et bientôt ils feront place à leurs successeurs. Je pense que ce sera sans peine et sans humiliation, que vous verrez siéger à vos côtés ces débris de la fidélité monarchique, et ces cheveux blanchis dans la ligne de l'honneur et du devoir. Il ne pourra en résulter qu'une noble émulation à qui servira le mieux son roi et sa patrie; ainsi vos intérêts même du moment ne seront en rien compromis, vous n'aurez pas de sacrifices réels à faire. Parlerait-on encore de l'amour-propre froissé, humilié par un changement dans vos paroles, et dans la ligne dans laquelle vous entreriez, et qui semblerait condamner votre passé? Mais quel homme n'a jamais erré, ou, pour mieux dire, quel homme n'a jamais été dans le cas de reconnaître qu'il s'était trompé? Cet homme éclairé par l'expérience ne fait-il pas un acte de bon citoyen en revenant sur son erreur?

Y a-t-il dans ce retour quelque chose qui puisse lui faire quelque tort dans l'esprit des hommes? ce retour, au contraire, n'est-il pas son plus beau titre d'honneur et son droit le plus incontestable à la reconnaissance de ses concitoyens? Mais encore est-il vrai que vous vous soyez trompé, que vous ayez erré, n'avez-vous pas, au contraire, agi en hommes éclairés, en bons Français? N'a-t-il pas été heureux pour la France que des hommes d'ordre comme vous se saisissent du pouvoir, quand ceux qui l'avaient, par un sentiment de délicatesse peut-être exagéré, avaient cru devoir l'abandonner? Où en serions-nous, grand Dieu! si tous les hommes honnêtes s'en fussent éloignés? que serait devenue notre chère France! Vous l'avez sauvée à cette époque du désordre et de l'anarchie; vous avez pris le titre honorable de conservateurs, et dans la plupart des circonstances vous l'avez justement mérité. Soyez donc les conservateurs d'alors, soyez les restaurateurs d'aujourd'hui, et vous ralliant au seul principe qui puisse maintenant rétablir et conserver l'ordre social dans notre patrie, sauvez encore une fois la France des désastres dont elle est menacée. Concourez puissamment à la seule solution vraie, à la grande solution qui seule peut assurer l'ordre et ramener la confiance, et après avoir mérité le beau titre de conservateurs, méritez le titre glorieux de restaurateurs de la France!

Vous le voyez, le cortége que Henri de France

doit ramener avec lui n'est ni bien nombreux, ni bien effrayant, peut-être même tiendrez-vous à quelque honneur de le voir mêlé dans vos rangs. Et quant au prince que vous reconnaîtrez pour votre roi, que lui manque-t-il?

Henri jeune encore a montré une sagesse prématurée, ses ennemis n'ont pu lui reprocher une seule parole, une seule action qu'on pût appeler légère ou imprudente. De longues études, des conférences multipliées avec des hommes éminents, avec des hommes de tous les partis, les méditations de l'exil, ont complété sa royale éducation. Il est dans l'âge où une haute intelligence arrivée à sa perfection réunit la sagesse dans le conseil, l'étendue dans les vues, la force et la persévérance dans la volonté, l'habileté et la sûreté dans l'exécution. Qu'a-t-il vu autour de son enfance? un roi, son aïeul, modèle de grâce et de bonté; une mère dont ses ennemis mêmes ont admiré le courage et le dévouement; un prince toujours fidèle à ses devoirs, et qui, après avoir abdiqué en sa faveur ses droits à la couronne, modèle de bravoure et de modestie, offrait de combattre pour lui comme simple volontaire; qui encore? cette fille de Louis XVI, vertu sans tache, que l'excès de ses malheurs, égalé par la grandeur de son courage, présente comme un objet sacré digne des hommages, je dirai, du culte de tous les cœurs généreux, de toutes les âmes élevées. Si ses souvenirs se reportent vers l'auteur de ses jours, il le voit sur un lit de douleur, rempli de l'héroïsme de la charité chrétienne, pardonner à son assassin, et en voyant son roi, oublier ses intolérables souffrances et rappeler ce qui lui reste de forces pour s'écrier : Grâce, grâce pour l'homme !

Voilà quelle a été l'école de Henri de France, voilà quels ont été ses modèles : l'école qui forme les grandes âmes, l'école de la vertu et du malheur.

Je n'ai pas vu ce jeune prince depuis les Tuileries, je ne puis donc parler de lui que sur ce que j'ai recueilli des autres, peut-être croira-t-on d'après cela devoir ajouter moins de foi à mes paroles, peut-être aussi croira-t-on qu'elles sont empreintes de plus d'impartialité. J'ai vu, j'ai entendu la plupart des hommes capables d'une appréciation à leurs retours de leur pèlerinage. J'ai recueilli avec soin leurs paroles, toutes étaient des paroles d'éloge, même de la part des hommes les plus froids et les plus éloignés de tout enthousiasme. En voici le résumé. La figure de Henri de France est noble, franche, ouverte ; son regard fier, vif et pénétrant, est tempéré par l'expression de la douceur et de la bonté ; il écoute avec attention, saisit avec vivacité, répond avec sagesse et traite presque tous les sujets avec une supériorité marquée. Ses mœurs sont pures, toutes ses pensées sont tournées vers le bien public. Ses préoccupations sont toutes en faveur des classes pauvres. C'est en même temps un homme supérieur et un homme de bien : c'est un honnête homme.

Si l'on veut le comparer à quelques-uns de ses ancêtres et de ses prédécesseurs, il m'apparaît comme réunissant en lui la sagesse de Charles V, la bonté de Louis XII, le père du peuple, la piété et les vertus de son bisaïeul, ce Dauphin si admiré, si pleuré par tous les hommes vertueux de son temps, et qui eût peut-être préservé la France de tous les malheurs qui l'ont accablée, s'il eût assez vécu pour régner. Il rappelle la pureté du Roi martyr (1), les vertus enfin de ce grand prince, dont Châteaubriant a dit : « Roi éternel, il veille du haut des cieux sur les destinées de la France. » Voilà le prince que la Légitimité présente à la France pour réparer tous ses maux, lui faire oublier toutes ses douleurs, toutes ses souffrances et lui rendre la gloire et le bonheur.

(1) Louis XVI, dans sa déclaration du 23 juin, donnait à la France tout ce que les cahiers des députés aux États-Généraux demandaient en son nom, tout ce que nous voulons encore aujourd'hui, pourquoi donc tant d'années de troubles et de révolutions sanglantes pour arriver au point de départ ? C'est qu'aux révolutionnaires de tous les rangs, il fallait bouleversement, révolution pour conquérir places, richesses, couronne. Insensés ! ils ont ensanglanté la patrie ; et le plus grand nombre a péri sur les échafauds qu'ils avaient élevés !

Je crois l'avoir prouvé, la France n'est pas républicaine. Trois grandes élections en sont la preuve irréfragable, les hommes qui se sont posés comme les fondateurs et les chefs de la nouvelle République ont reconnu eux-mêmes cette vérité dans leurs actes et dans leurs circulaires officielles. La France repousse de toutes ses forces des institutions qui ne lui ont apporté que ruine, malheur et souffrance.

L'Empire n'est ni dans les esprits ni dans les cœurs.

Quelques hommes, entraînés, peut-être à leur insu, par leur ambition et leurs intérêts personnels, peuvent le rêver encore, et l'appeler de leurs vœux. Mais ils échoueront comme ils ont échoué à Strasbourg et à Boulogne. Ils ne réussiront comme alors qu'à compromettre un homme d'honneur qui est appelé à une gloire plus solide et plus durable.

Je pourrais presque me dispenser de rappeler les impossibilités du retour de la maison d'Orléans au pouvoir et de son inutilité pour ramener l'ordre en France, quand les esprits les plus élevés, les plus hautes capacités, qui avaient cru voir à une autre époque dans la royauté de Louis-Philippe un moyen d'ordre et un moyen de résistance aux idées démagogiques et communistes prêtes à tout envahir, reconnaissent aujourd'hui et déclarent, avec une noble franchise, que les temps sont changés, que la Régence, impossible dans leur manière de voir, n'est point et ne saurait être une solution. Je dirai donc en quelques mots seulement, que jamais, à aucune époque, une minorité n'a été un gage de calme pour l'État ; que dans tous les temps, à toutes les époques, une régence a été considérée comme chose fâcheuse pour la tranquillité publique, et que cette régence ne peut être que funeste, quand elle est évidemment contestable. A qui l'a attribuée Louis-Philippe, et la loi adoptée sur sa proposition? au duc de Nemours!.... A qui la donne le petit nombre de partisans de la Régence? à madame la duchesse d'Orléans!.. à une princesse étrangère à la France, à sa religion, à ses mœurs et à ses lois, à celle à qui elle était refusée par son beau-père et par les dernières intentions de son époux (1)!

Que serait donc la Régence? Une nouvelle cause de troubles et de dissensions. Non, évidemment non, ce ne serait point une solution !

La voix du représentant du principe de l'hé-

(1) *Extrait des journaux de l'indépendance belge*, etc. *Récit attribué à M. Lassagne, secrétaire de Louis-Philippe.*

« Ce fut alors que le roi (après avoir signé l'acte d'abdication) se leva de son bureau, et qu'entendant une personne articuler assez timidement, que l'acte ne nommait pas madame la duchesse d'Orléans, il s'écria avec émotion : « Quant à cela, Messieurs, vous ne me le ferez jamais écrire ; vous avez fait la loi c'est à vous de la changer. »

Extrait du Testament du jeune duc d'Orléans.

« Si par malheur l'autorité du roi ne pouvait veiller sur mon fils aîné jusqu'à sa majorité, Hélène devrait empêcher que son nom fût prononcé pour la régence, et désavouer hautement toute tentative qui se couvrirait de ce dangereux prétexte pour enlever la régence à mon frère Nemours, ou à son défaut à l'aîné de mes frères. »

rédité a parlé, il nous a fait connaître, dans sa déclaration du 23 janvier, ses nobles et généreuses intentions, ses vues sages, libérales et patriotiques. Il a dit à la France : « *Elle trouvera en moi un Fran-* » *çais dévoué, empressé de rallier autour de lui* » *toutes les capacités, tous les talents, toutes les* » *gloires, tous les hommes qui par leurs services ont* » *mérité la reconnaissance du pays.* » Qu'ajouter à ces nobles paroles? Henri est notre avenir, Henri est la fin de toutes nos divisions, Henri sera le roi non pas d'un parti, mais de toute la France !

Souverains étrangers, mettez de côté toutes les craintes, toutes les jalousies, tous les ressentiments qu'ont pu vous inspirer un conquérant ambitieux. Ces temps sont passés. Reconnaissez qu'une France forte et puissante est nécessaire à l'équilibre de l'Europe. Reconnaissez que le calme de la France assure celui du monde civilisé, comme ses agitations y portent à l'instant le trouble et les révolutions. Reconnaissez enfin que le grand représentant de l'hérédité monarchique, celui que par vos ambassadeurs vous avez proclamé dès le berceau *l'Enfant de l'Europe*, peut seul rendre à la France et à l'Europe ce calme tant désiré, la paix universelle.

Nobles princes de la maison de Bourbon, qui avez signalé votre dévouement à la patrie, et votre courage en Algérie, à Ulloa, à Tanger, à Mogador, donnez une nouvelle preuve de votre amour pour la France.

Héritier d'un nom illustre, qui avez tant fait pour ramener l'ordre et la tranquillité en France, complétez votre ouvrage :

Faites le sacrifice de toute ambition, soyez Français avant tout, gardez-vous de toucher à cette noble couronne de France. Comme à Bouvines nos plus illustres guerriers la laissèrent au plus digne, à Philippe-Auguste ; reconnaissez qu'encore aujourd'hui le plus digne est l'aîné des descendants de Philippe-Auguste, son légitime successeur, Henri de France !

Hautes capacités de notre époque, vous avez déjà répondu à son appel, que votre voix soit aussi entendue de tous ceux qui, jusqu'à ce jour, avaient placé leur confiance dans votre sagesse ; qu'ils se hâtent de se réunir sous vos bannières !

Que tous les enfants de la France, unis dans une même pensée, unis sous un même chef, ne fassent plus qu'une même famille, travaillant à l'envi au bonheur de la commune patrie ; que tous, d'un commun accord, ils s'écrient avec le grand orateur de la Légitimité : « *Henri Dieudonné, vous êtes le premier des Français, le Roi !* » Et la France est sauvée, et nos malheurs sont finis, et pour elle et pour nous commence une nouvelle ère de prospérité et de gloire !!!...